Giorgia Peeraerts

Del mio mare e parole

◆

poesie

EDIZIONI WE

ISBN 979-12-5497-077-5

©2022 Edizioni WE di Nicola Bergamaschi
Via Paulli 10/A – 26015 – Soresina (CR)

www.clickpertutti.com
www.edizioniwe.com
www.facebook.com/edizioniwe
www.instagram.com/edizioniwe
info@edizioniwe.com

PREFAZIONE

di Nicola Bergamaschi (Fondatore Edizioni We)

Le poesie di Giorgia parlano al cuore delle persone, in "un detto e non detto" che lascia trasparire verità difficili su una vita che ha dovuto affrontare troppo presto tempeste e maremoti.

Il "mare ora è calmo", Giorgia apre il suo cuore, con fiducia, al lettore; Giorgia ora sorride, anche se la rilettura dei versi le fa inumidire gli occhi.

Giorgia oggi è forte; Giorgia in Edizioni We trova una casa, trova il sorriso di Simona Adivíncula (scrittrice bestseller.), la forza di Matteo Belgiovane (poeta che ha superato depressione e bullismo arrivando ai vertici delle classifiche) e le dolci parole di tanti colleghi che son tutti uomini e donne di valore e di onore.

Giorgia è tuo diritto essere qui con loro.

Questo è il tuo posto per diffondere cultura, pace, amore di cui tutti noi, come te, abbiamo immensamente bisogno.

Raccogliamo i tuoi frammenti, li uniamo ai nostri e, assieme, li fonderemo e forgeremo in qualcosa di grande e bello.

Grazie per i Tuoi versi.

Nicola Bergamaschi

DEL MIO MARE E PAROLE

*A chi mi ha incontrato
anche solo con uno sguardo*

Non ho visto soltanto il mare
dentro ai tuoi occhi.
Ci ho visto anche la polvere
e una fiamma
che ti spaventa.
Ci ho visto parole taciute
e qualcosa che mi ricorda l'inverno

Affacciandomi c'è un panorama bellissimo.
Sono spettatrice di fascino e nuvole
e ascolto una musica che viene da posti nascosti.
Va bene avere le orecchie piccole
basta che il cuore sia grande
per catturarne istantanea di pace.
Se mi sporgessi troppo
perderei la vista da qui
e dimenticherei troppo in fretta
cos'è che assomiglia alla felicità

Cerco il muoversi delle cose
anche se potrebbero cadere e farsi in mille pezzi.
Cerco le parole, quelle che mi fanno respirare
quando non ci sono finestre.
Cerco il pezzo di luna che non si vede,
mi sa di promesse solenni.
Cerco di stare nei bordi,
che nel mezzo proprio non ci so stare.
Cerco di non tralasciare i miei nodi,
di non restarci con le dita impigliate.
Cerco la certezza di quella che sono
anche se a volte non ci sono specchi intorno a me.
Cerco di stringere le notti e le giornate di sole.
Cerco alibi e carnefici.
Quello che cerco
ha sempre l'aroma delle cose che un po' già conosco.

Se l'amore non è bisogno, esiste?
Quale potrebbe essere il suo sapore?
Mi farebbe pensare alle fragole
oppure assomiglierebbe di più al caffè?
Non so se a quel punto sceglierei una stella
o la radice di una quercia.
Forse non ci sarebbe nessuna decisione da prendere,
niente da lasciare
e niente da incollarmi addosso.
Sarebbe soltanto una canzone da ascoltare.

Il mare in inverno non è per tutti
di certo non è per me.
Mi parla troppo forte
non ha tanta pietà dei miei silenzi
Mi dice cose diverse in estate
non sa che adesso non sono pronta alle sue verità,
ma non lo biasimo.
Il sole non se lo ricorda:
porta il freddo dentro.

Ho strati di pelle che ricoprono
le cose troppo fragili di me.
Io quando ho paura devo decidere chi sono.
Devo poter dettare le mie regole
quelle che mi calmano i terremoti.
Devo prima conoscere la mappa
non importa se è tutta sbagliata
l'ho disegnata così di proposito.
Non ti posso mostrare quella vera
altrimenti ti perdi e mi perdo anch'io
e chi ci tira poi fuori da questo spazio così vasto?

Io non ho ben capito cosa fare
di tutti quei momenti vuoti
so cosa farci con una bella giornata di sole,
con l'acqua del mare e con la luna
ma non ho capito dove mettere il niente
che non pesa e non respira.
Sta lì immobile ed io non so proprio cosa dirgli.
Non ha il colore del cielo,
non ha il profumo di un fiore,
non ha la consistenza di un ricordo,
non ha neanche la voce,
non assomiglia a nessun amore.
Non ho capito a cosa serve
e chi o cosa ce l'ha messo lì
ad occupare tanta vita.
Non so se mi rimprovera
per le volte in cui lo riempio di benzina
anche se so che va a gasolio,
o se mi vuole sfidare a braccio di ferro
e lasciarmi vincere.
Io non so proprio cosa farci!

Dentro questa stanza
ho chiuso la parte più ferita di me.
Nel cuscino ho affondato tutti i caos.
Sul pavimento ho bruciato le mappe
che non mi servivano più.
Dalla finestra ho gettato mille spilli
che avevo addosso.
Nei muri ho strascicato la mia voce.
E adesso di quella stanza
mi resta soltanto una chiave deformata.

Io vado
e se non torno
sarà perché ho voluto perdermi
in un mare gigante
fatto di acqua e nessuna parola.
Sarà perché non avrò trovato una ragione
per abitarti accanto
o perché avrò rovistato così tanto
tra le tue cose
un po' acciaccate
che avrò bisogno di riposarmi.
Se, però, invece, torno,
potrei farlo un po' imbronciata.
Non farti ingannare
è soltanto il mio modo di farmi capanna.
Io non ho mai imparato
ad alleggerirmi il cuore
e la schiena
quindi la mia camminata
resterà sempre un po' vacillante,
ma non ricamerò racconti per scappare,
nè prenderò in prestito aghi per cucire ancora.
Resterò soltanto con il mio mare ed il tuo
con un piede fuori ed uno dentro.

Il mio inverno pesa un chilo di lana,
due etti di nuvole
e litri e litri di pioggia.
La mia primavera pesa un grammo di fiori bianchi
e tre tonnellate di cielo azzurro.
La mia estate è la più leggera,
pesa quanto una piuma e tre raggi di sole.
Poi il mio autunno,
lui non ha un peso specifico.
Che peso ha una foglia che cade?

Ho fermato tempo e vento.
È tutto sospeso
come a trattenere il respiro.
Neanche le foglie cadono.
C'è solo silenzio
e vuoto e calma e pace.
È così che si sente meglio l'anima sotto la pelle
Io la sento anche quando
c'è molto rumore e tutto corre.
Devo farmi ospite di spazio,
avrò il petto scoperto e voglia di andare via
allora metterò le mie mani sul mio viso
a ricordarmi che ci sono.
Mi ricorderò che la presenza non è una parola,
ma esserci
e quando sarà così,
la mia porta non avrà serrature.
Non avrò bisogno di fermare la fretta.
Sarò tornata da me.

Ho aspettato che facesse giorno
per pulire dalla cenere
le cose bruciate della notte.
E poi...
ho aspettato che facesse sera
per nascondere nel buio tutte quelle cose
che il giorno,
egoista,
avrebbe illuminato di luce violenta.

Non mi importa chi sei
quando ti trovi in mezzo alla gente,
Mi importa chi sei
quando abbracci la tua solitudine
e ne condividi soltanto un pezzetto.
Non mi importa a cosa scegli di ribellarti,
Mi importa che tu sappia a quali verità ti affidi.
Non mi importa se chiudi tutte le tue finestre,
Mi importa che la nicchia che hai scelto
non diventi la tua prigione.
Non mi importa se le scelte che fai
sono ponderate o figlie di istinto,
Mi importa che tu riesca a capire la differenza
tra quello che ti serve e quello che ti piace.
Non mi importa se sospiri per nostalgia
o per impazienza,
Mi importa che tu senta sempre qualcosa.

Ho respirato l'intimità di un abbraccio
e mi sono ricordata
cosa avevo cercato di proteggere:
tutte quelle cose feroci annidate tra la mia pelle.
Scoprirmi fragile se troppo vicina ad un altro respiro,
come se fosse un intruso da cui dovermi difendere.
Ho avuto paura della tenerezza
e di trovarmi a mio agio in una sensazione,
che potesse sciogliere tutta la cera
che avevo faticosamente modellato
intorno al mio corpo
per non lasciare scoperto
neanche il più minuscolo pezzo di pelle.

Quale maschera indosserò oggi prima di uscire?
Mi serve quella che nasconde
quando ho l'anima altrove.
La tengo sul comodino,
vicino ai libri e ai quaderni;
la indosso prima di mettermi il rossetto
e prima di uscire mi assicuro di averla messa bene,
che non cada e resista anche se pioverà
e avrò dimenticato l'ombrello.
Spero di non incontrare nessuno oggi
che possa vedermi lo stesso,
nessuno a cui la mia maschera appaia invisibile
perché altrimenti dovrò far finta di niente
e cambiare strada.
E ho tante cose da fare oggi, proprio oggi
che non so dove sono.

Non so, se questa volta,
Ti aspetterò con impazienza o se,
quando tornerai
sarò impreparata.
So che la bellezza in alcuni momenti
Mi fa male
come se non la meritassi
quando non riesco ad abitarci.
Allora il primo fiore può diventare un coltello
e il chiacchiericcio degli uccellini uno schiaffo.
Non sei sempre gentile,
hai fretta di vita
ed io qualche volta ho il passo lento.

Prendo in prestito una valigia di stoffa
la riempio di tutte le mie crudeli attese
e fingo di aspettare pazientemente in fila,
mentre dentro sto consumando la brace e la pelle
e non ho neanche più fiammiferi
soltanto monete sparse
in cambio di qualcosa.
Forse è arrivato il tempo di restare con me

Vorrei che gli alberi
non si spogliassero mai
di tutto quel verde
e che la pioggia cadesse più piano.
Non conoscere l'inverno
con quel sole che non scalda mai abbastanza.
E mettere il rumore del mare dentro il cuscino
che tanto alle conchiglie non serve.

Ti regalo la mia assenza,
Te la metto in un barattolo di ruggine
da non poterla vedere né toccare,
sarà un mattone pesante
fatto di tutte quelle parole che non mi hai detto.

A volte vorrei una notte luminosa
per poter piangere al sole che forse poi mi consola,
e vorrei una mattina buia che invece mi faccia riposare,
che non si aspetti nulla da me.
Vorrei togliermi i pesi dal cuore
così come riesco a fare con la sabbia dalle scarpe.
E sarebbe così bello
raccogliere dall'albero solo le mele più belle
e lasciare a terra quelle che sono cadute,
senza rammaricarmene
e senza cercare di togliergli le ammaccature
soltanto per poterle tenere con me.
Mi piacerebbe guardarmi ogni tanto
e non vedere più nei miei occhi gli errori che ho fatto.
Riuscire a scorgere soltanto la superficie
e non sentirmi costretta a guardare sempre dentro,
che a volte è faticoso.
Vorrei questo dono
soltanto per guardare nell'animo degli altri,
non nel mio perché a volte dal mio
non riesco più a tornare.
Vorrei che ogni tanto il sale fosse dolce
così da non sapere mai in anticipo
se ci preparerò una torta o una minestra.
Potrei credere così, che ogni giorno,
possa essere tutto diverso.

Ti vedo consumare in silenzio i tuoi pasti
e i tuoi passi silenziosi.
Ti vedo attraversare la stanza e qualche cuore,
ma quando te ne vai, è sempre tutto in ordine,
come se a passare fosse stata l'ombra di te.
Ti vedo trasparente, qualche volta.
Esisti davvero?

Sorella, come abbiamo fatto a trovarci?
In mezzo a tutto quel rumore e quel traffico.
in mezzo alla solitudine, ai silenzi e ai finti sorrisi.
Noi ci siamo riconosciute e rispecchiate,
quando ci siamo incontrate anni fa.
Io avevo un tavolo ricoperto di fogli sparpagliati
e una sedia tappezzata di vestiti
che non volevo più indossare.
Aspettavo che qualcuno se ne occupasse al posto mio
e, nel frattempo, il disordine aumentava.
Tu mi hai aiutato a capire
che potevo farlo anche da sola.
Adesso qualche foglio qua e là
è ancora su quel tavolo,
ma ho imparato a mettere in ordine più spesso
e, invece, i vestiti li ho buttati.
Ora ne indosso di nuovi
che mi stanno decisamente meglio addosso.

C'è una lingua universale che non è fatta di parole.
È fatta di silenzi e di occhi.
Ho imparato a conoscerla prima di ogni altra cosa.
Ma il suo sapore assomiglia a una condanna.

Se devo guardarti in faccia
permettimi di restare al buio.
Quando sarò pronta accenderò la luce.
Magari sarà molto piccola e fioca,
come quella che sprigiona un fiammiferoc
ma così mi farai meno paura.
Ho sentito dire che hai un aspetto spaventoso,
in molti hanno preferito andare via.
Io ho deciso di restare,
capire chi sei,
da dove vieni,
perché sei qui,
cosa vuoi da me,
quando ci siamo incontrati la prima volta.
Voglio parlare con te,
trovare un accordo.
Non puoi andare via?
Allora puoi restare,
ma devi cercare di renderti più presentabile,
meno minaccioso
Così che potrai stare sotto la luce, s
eduto in un angolo, senza disturbare.
Potrò guardarti da lontano e sentirmi tranquilla.
Mi sarai utile quando non farai più paura,
comunque non avrei potuto dimenticarti...
Tanto vale che resti e diventiamo amici noi due

Ci siamo scambiati un po' di cose:
la pelle, le mani, le bocche e il sudore.
Adesso sono di nuovo al proprio posto,
ma c'è qualcosa che ci siamo lasciati
spaiati e orfani:
gli occhi.

Un divano,
Un padre,
La luce del giorno troppo violenta
per quell'aria fredda e senza vento,
ad enfatizzare la sacralità di quel momento.
Una figlia,
in piedi, immobile,
lacrime trattenute dietro gli occhi.
Lo stereo dei vicini, Adriano Celentano
eppure il silenzio.
Mi siedo vicino,
non ho le parole.
Io, adolescente incazzata
Ti ho visto soltanto quel giorno.
ho abbracciato la parte vera di te.
Hai pianto, papà,
ho pianto anche io
anche mamma ha pianto.
Famiglia per un momento.
È stata l'ultima volta,
quando mi sono alzata dal divano.
Era il mio addio,
già non ero più adolescente.
Vi ho lasciato lì,
su quel divano a righe
e sono andata via.

Accoglimi, mare.
Lasciami il sale sulle guance
e nei capelli.
Scuotimi
e cullami allo stesso tempo.
Disinfettami
e ascoltami.
Lasciami galleggiare
e respirare questo odore di sole.
Ricordami i giochi
e l'amore.
Continua
a bagnarmi la pelle.
Sii rumore di sottofondo,
ma melodia che penetra.
Cantami la tua pace
e il tuo infuriarti all'improvviso.
Fammi sentire così simile a te
da dimenticare che non lo sono.

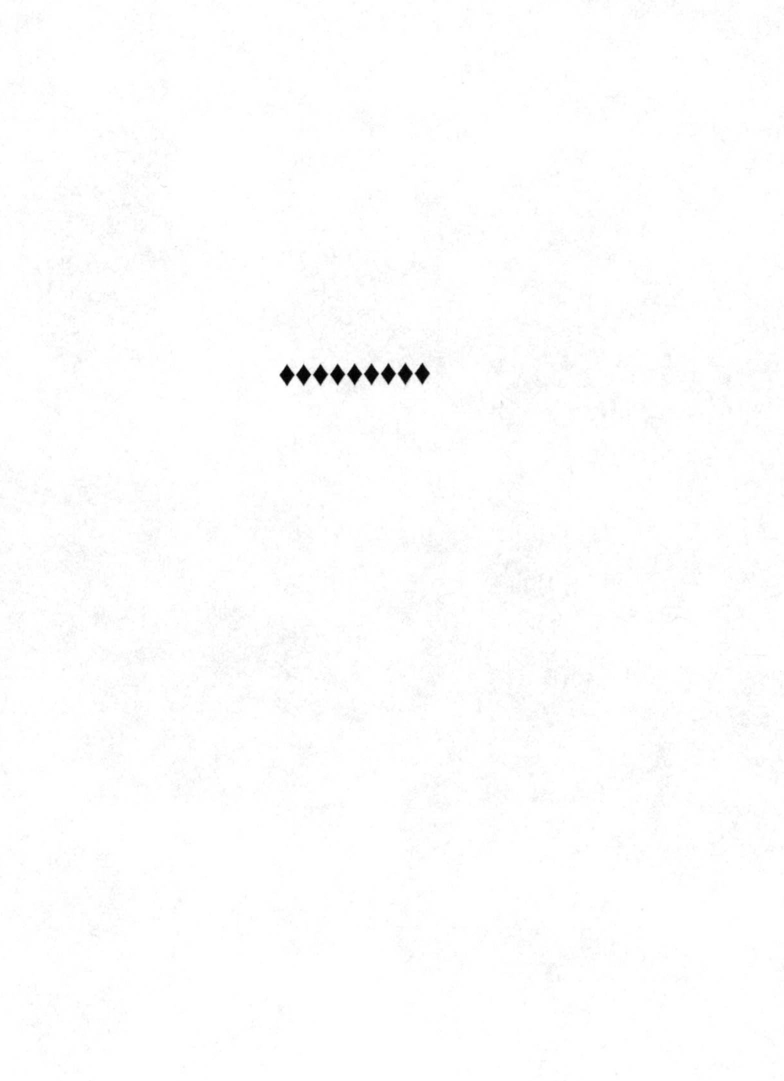

L'AUTRICE

Giorgia Peeraerts, scrittrice, è nata a Napoli nel 1990 da mamma romana e papà belga.

Felicemente trapiantata a Roma, ha lavorato per molti anni come cuoca vegana e, adesso, con gioia, ha ripreso in mano gli studi di psicologia che era stata costretta ad abbandonare.

Sin da bambina capì che la scrittura era ciò che le permetteva di far ordine tra le sue emozioni: incanalandole su un foglio smettevano di far paura.

Anche leggere le crea lo stesso piacevole effetto: entra in risonanza con le parole che più le assomigliano e si sente cullata.

Oggi, Giorgia ha deciso di pubblicare piccoli frammenti del suo cuore, attraverso questa raccolta.